Forjadoras de Cambios

Mujeres que Cambian Destinos

Yalitza Salas

FDC Producciones

Copyright © 2020 Yalitza Salas

Ninguna parte de esta publicación podrá ser copiada ni procesada en algún sistema de reproducción o transmisión de datos, en cualquier medio sea este electrónico, mecánico, fotocopia, digital, cinta magnetofónica, ni mediante otro formato, sin el permiso previo y formal de la autora; a excepción de que sea en breves citas bibliográficas, siempre y cuando se reseñen los créditos de la autora.

ISBN: **9798680771464**

CONTENIDO

DEDICATORIA 5

AGRADECIMIENTOS. 7

INTRODUCCIÓN. 11

CAPÍTULO 1 13
   MUJER TRANSFORMADA... MUJER ADMIRADA 13

CAPÍTULO 2 25
   DESCUBRE LA HABILIDAD DE DIOS EN TI. 25
   MUJERES CON ENTENDIMIENTO: 26
   MUJERES CON VISIÓN DE EQUIPO. 28
   MUJERES CON CAPACIDAD DE DAR 32
   MUJERES INCONDICIONALES 35

CAPÍTULO 3 39
   EXCELENCIA Y PASIÓN EN LA MUJER:
   EL CAMINO AL ÉXITO 39

CAPÍTULO 4 47
   MADRE ABNEGADA:
   ¿UNA BUENA EXCUSA PARA EL FRACASO? 47

CAPÍTULO 5 53
   LA PERSEVERANCIA EN UNA MUJER 53

CAPÍTULO 6 61
   LA MUJER Y LA INTELIGENCIA ESPIRITUAL 61
   DECIDE SER PROACTIVA, NO REACTIVA 64

DECIDE POR LO IMPORTANTE,
NO POR LO QUE TE URGE 65

DECIDE CONFIAR EN DIOS Y
NO EN TUS PROPIAS FUERZAS 67

DECIDE SUPERAR TUS DIFERENCIAS 69

DECIDE CAMBIAR TUS ESTRATEGIAS. 69

DEDICATORIA

Luego de varios años de matrimonio, sentí la necesidad de ser madre, pero las circunstancias quisieron apagar ese grande y hermoso anhelo que había en mi corazón, y después de un intento tras otro, me di cuenta que naturalmente ya nada se podía hacer. Es así como desde mi interior clamé a Dios por un milagro... Él me escuchó una y otra vez, y un día, quizás el menos esperado, mi vientre fue bendecido. Cuatro meses después de haber dado a luz a mi primogénita, me vi favorecida nuevamente y llegó a mi vientre una nueva bendición.

¡Qué rápido pasó todo!

A ellas, mis dos hijas, dedico este libro, para dejarles plasmado mi amor, y así, cada vez que lean estas líneas, puedan ser las mejores testigos de la orientación que a través del mismo quiero dar a tantas mujeres que hoy necesitan de un mensaje Divino.

LAS AMO.

AGRADECIMIENTOS

Con todo amor, admiración, temor y adoración, agradezco al Señor Jesucristo, autor de mi vida, por darme la oportunidad de escribir estas líneas inspiradoras en su presencia, para que otras personas, al leerlas, puedan conocer más de Él, a través de historias reales que marcaron un precedente.

Le agradezco a Él, por darme el honor de hablar de su Reino, a través de la revelación y orientación del Espíritu Santo de Dios. Mil gracias, Señor.

A mi familia, a mis hijas amadas, por inspirarme para escribir con alegría, gozo y energía, estos pequeños párrafos cargados de sabiduría.

A mi esposo, el Apóstol Mario Luis Suárez, quien en sus enormes conocimientos y revelación de la palabra, hizo brillar el contenido de cada una de mis ideas. Gracias por apoyarme.

A mis padres y hermanos, preciosos del Señor, quienes incondicionalmente, están dispuestos a apoyarme en todo momento. Les amo inmensamente.

Al maravilloso equipo de mujeres que conforman el Ministerio Internacional "Forjadoras de Cambios", un ministerio sin igual que ha sabido apreciar cada una de las palabras y proyectos que Dios me ha entregado.

A todos, muchísimas gracias.

PRÓLOGO

La trayectoria ministerial de la Apóstol Yalitza Salas, ha sido el producto de un proceso de años de caminar con el Señor, el cual ha tenido como resultado, la transformación de un carácter capaz de proyectar la Gloria de Dios con una gran unción y sabiduría.

Luego de su primer libro, "Vaso Frágil en Manos del Alfarero", quedó en Yalitza una fuerte preocupación al percibir la gran necesidad en las mujeres que día a día se acercan a plantear sus situaciones de vida; unas tristes, otras trágicas, otras lamentables...

Esta preocupación, pronto se convirtió en una necesidad, y luego, en una oportunidad para plasmar en nuevas líneas la respuesta a todas estas inquietudes; y es así como surge en ella la idea de escribir FORJADORAS DE CAMBIOS; un magnífico libro, contenedor de una palabra motivadora, llena de revelación divina y con el característico y fresco toque de gracia y simpatía que identifica el estilo de esta excelente autora.

No me queda la menor duda al recomendar ampliamente este texto a todas las mujeres que están en la búsqueda de una Palabra de Dios para sus vidas. No hablo sólo de aquellas que se encuentran en problemas, sino de todas las mujeres que están a la expectativa de un nuevo tiempo; éste es el libro que ustedes necesitan.

Pero, además, también lo recomiendo para aquellos hombres quienes desean ver un poderoso cambio en las mujeres que forman parte de su entorno, en virtud de que estas líneas contienen un mensaje impactante, capaz de proyectar y catapultar sus vidas hacia una nueva dimensión de éxito.

Reciban Bendiciones.

Apóstol: Mario Luis Suárez M
Lic. Comunicación Social / Lic. en Teología

INTRODUCCIÓN

Forjadoras de Cambios es un libro dedicado a mujeres con un gran deseo de éxito, que no se detienen ante circunstancias difíciles, sino que son capaces de descubrir el maravilloso rol que Dios les ha conferido de ser mujeres de propósito.

Este libro relata la historia de muchas de ellas, que decidieron trascender a otro nivel, que lograron conquistar sus sueños y agradar a Dios, sin olvidar que fueron colocadas en una sociedad por un plan Divino, y que tenían el ministerio más poderoso que una mujer puede tener: ser FORJADORAS DE CAMBIOS.

CAPÍTULO 1

MUJER TRANSFORMADA, MUJER ADMIRADA

No os conforméis a este siglo, sino transformaos por medio de la renovación de vuestro entendimiento, para que comprobéis cuál sea la buena voluntad de Dios, agradable y perfecta. **Romanos 12:2**

En mi primer libro, finalizo el último capítulo citando la historia de un hombre al cual se le dio una promesa que cambiaría el destino de su vida. Me refiero a Abraham, el Padre de la fe, un hombre genuino que sufrió una profunda transformación, desde el mismo momento en el que Dios le cambió el nombre de Abram (que significa *"padre enaltecido"*) por Abraham *"padre de multitudes"*.

"Y ya no se llamará más tu nombre Abram sino que será tu nombre Abraham, porque te he puesto por padre de muchedumbre de gente" **Génesis 17:5**

Los cambios de nombre son comunes en las Escrituras. Por ejemplo, encontramos a Jacob, nieto de Abraham, cuyo nombre significa *"suplantador o usurpador"*, quien luego de haber vivido una poderosa experiencia con el Señor, Dios mismo le habló, y le dijo que desde ese momento su nombre ya no sería Jacob, sino que se llamaría Israel *"el que pelea con Dios y persevera"*. Jesús, a Simón (*oidor*), lo llamó Pedro (*piedra*); Saulo (*deseado*), comenzó a ser conocido como Pablo (*pequeño*), y así, muchos otros más.

Estos cambios, se deben a que en la mentalidad hebrea, y aun en la mente de Dios, el nombre de la persona no es considerado únicamente como un sustantivo para distinguirla de otros, sino también como un indicativo que representa su carácter y aún su propósito y destino; en este sentido, el nombre de una persona representaba una especie de profecía sobre su vida.

En este capítulo, quiero hacer algunas consideraciones acerca de la vida de una gran mujer, precisamente la esposa del ilustre Abraham. Su nombre era Saraí, pero luego de un encuentro con Dios, fue llamada Sara, de acuerdo con el propósito que Dios tenía para ella.

"Dijo también Dios a Abraham: A Saraí tu mujer, no la llamarás Saraí mas Sara será su nombre" **Génesis 17:15**

La clase de transformación que Sara recibe, al igual que su marido, también se inicia desde el momento en el que Dios decide cambiar su nombre de Saraí (*princesa*) por Sara (*princesa, dama de realeza*), símbolo del gran salto que sufriría en su destino. Pero, quizá usted piense: Si ambos nombres significan lo mismo, ¿para qué Dios le cambia el nombre?

Es que, jamás y nunca, será igual que este mundo nos llame princesas, a que Dios lo haga. Saraí era un nombre babilónico; ella fue llamada princesa por un sistema de tinieblas, de maldad, de oscuridad, pero Dios dijo, *"desde ahora serás mi princesa, con carácter del cielo, propósito de bendición y destino de gloria"*.

Por eso, para entender la profundidad de este giro, se hace necesario que estudiemos un poco más la vida de esta mujer.

Lo primero que encontramos, es que Sara era una mujer de edad avanzada, aunque unos diez años más joven que su esposo Abraham. La Biblia hace referencia de ella como una mujer de edad aproximada de noventa años, para el momento en el que Dios le hace la promesa.

"... ¿A hombre de cien años ha de nacer hijo, y Sara ya de noventa ha de concebir? **Génesis 17:17**

A esta edad, la fertilidad de la mujer resulta prácticamente imposible, debido a que existe un período biológico y natural para su reproducción, el cual, orgánicamente, culmina alrededor de los cincuenta años, pero Dios decretó que con Sara no sucedería así. Dios no tiene limitación alguna para manifestar su poder, la edad de Sara no era el impedimento para que Él ejecutara el milagro.

Esto quiere decir que cuando Dios interviene en nuestras vidas, se abre el panorama de nuevos tiempos. Dejamos de funcionar en los tiempos humanos y comenzamos a transitar en la dimensión de los tiempos divinos, y cuando esto sucedió en Sara, se acabó su esterilidad, porque entró en la dimensión del tiempo de Dios, en el cual nada envejece.

Asimismo, mujer, sobre ti viene un tiempo de apertura sobrenatural, en el cual vas a entrar en una dimensión de fertilidad. No estoy hablando solamente de fertilidad física, porque sé que al leer estas líneas, hay mujeres que ahora mismo están recibiendo un milagro de fertilidad en su cuerpo, y que a causa de la autoridad profética y apostólica que respaldan estas palabras, sus vientres están siendo habilitados para concebir.

Hablo también de fertilidad espiritual, para concebir sueños, fertilidad para engendrar proyectos y para emprender con poder del cielo, planes y propósitos que parecían muertos, pero que desde hoy comienzan a resucitar.

Mujer, no hay cosa alguna que Dios no pueda hacer, tu problema o adversidad no es una limitante para que la Gloria de Dios se manifieste en tu vida y alcances tu milagro. Hoy es el tiempo de tu fertilidad, tiempo en el que tu fe debe levantarse para declarar que hay un milagro dentro de ti que está próximo a manifestarse.

Dios ha decidido cambiar tu nombre para que ahora seas una dama de realeza, es decir, una mujer de reino, con autoridad divina para establecer un nuevo orden en tu vida.

Dios se ha interesado en ti. Tú no eres un accidente, formas parte de un gran plan concebido por Dios desde la eternidad. Cuando Dios te escogió, lo hizo porque eres imprescindiblemente única para alcanzar la misión que te encomendó.

Estás en el umbral de un nuevo tiempo. Puede que hayan sido muchos los años perdidos, pero Dios se ha cruzado en tu camino para decirte *"He cambiado tu nombre, he cambiado tu destino. Te he llenado de nuevos propósitos, te he colmado de autoridad. Para mí no existe el tiempo perdido, sino que todo ha sido tiempo invertido, porque para este momento te escogí. Tus mejores días están por comenzar. Yo estoy contigo y no te dejaré hasta que haya hecho contigo todo lo que me he propuesto"*... Amén.

De igual modo, la Escritura relata que Sara era una mujer hermosa en gran manera, tanto así, que durante el tiempo que estuvieron en Egipto, Abraham se atemorizó de decir que era su esposa a causa de su belleza, y decidió presentarla como su hermana.

En aquel lugar, tanto el Faraón como sus cortesanos estaban impresionados por la hermosura de esta mujer, aunque para ese momento, se presume que su edad estaba por encima de los sesenta y cinco años.

"Y aconteció que cuando entró Abram en Egipto, los egipcios vieron que la mujer era hermosa en gran manera". **Génesis 12:14**

Imagínate ¿cómo una mujer avanzada en edad, podía ser el centro de atracción del palacio del Faraón a causa de su belleza? Indudablemente, la gracia de Dios estaba en ella, pues sólo Él puede transformarnos y embellecernos cada día por medio de su presencia.

Por eso, no debes afligirte por el tiempo que has vivido. Cuando te dejas transformar por Dios, hasta tu aspecto se renueva; cambia tu rostro, se transforma tu carácter, eres rejuvenecida y tu espíritu se vuelve lozano y fresco. Muchas mujeres sufren de un envejecimiento prematuro porque están desconectadas del propósito divino, pero tu tiempo ha comenzado. Prepárate para una segunda juventud.

Cabe resaltar que a pesar del aspecto físico de Sara, el cual era indudablemente favorable, sin embargo tenía un grave y profundo problema: Ella no podía concebir. Era una mujer estéril; por tanto, esta pareja, que se hubo unido en amor y entrega profunda, no podía disfrutar del regalo más hermoso para un matrimonio; la alegría de ver nacer un hijo.

Particularmente, he experimentado en mi vida la frustración de no poder concebir, pero también, la maravillosa satisfacción de tener hijos por vía de un milagro divino.

Aún recuerdo la felicidad que sentí al abrazar por primera vez a mis hijas, porque durante varios años, fui diagnosticada y tratada por infertilidad, y sé la lucha que se genera internamente al debatirse entre sentimientos encontrados de resignación ante una circunstancia, y de fe, ante la esperanza de un milagro. Por ello, puedo imaginar perfectamente la soledad y tristeza que sentía Sara quien siendo de noventa años había perdido toda esperanza de engendrar.

Sin embargo, Dios en su asombroso propósito, tenía planeado hacer algo con esta pareja; es por ello que ambos recibieron la promesa de que tendrían un hijo. Ella casi no lo podía creer, pero al imaginarlo, quizás sólo pudo mirar al cielo y expresar un gesto de risa.

La risa de Sara no era de incredulidad; era del gozo de imaginarse de noventa años y dando a luz, y luego, amamantando...

"Se rió, pues Sara diciendo ¿Será cierto que he de dar a luz siendo ya vieja?" **Génesis 18:12**.

Pero más tarde, Sara entendió que Dios había hablado a su esposo Abraham diciendo que su descendencia sería tan poderosa y extensa como la arena del mar o las estrellas de los cielos.

"De cierto te bendeciré y multiplicaré tu descendencia como las estrellas de los cielos y como la arena que está a la orilla del mar". **Génesis 22:17**.

Sin embargo, a Sara le aconteció lo que a muchas mujeres les sucede; que luego de una larga espera sin ver resultados, las traiciona su propia falta de carácter, y en este caso, ella misma cedió ante su propia debilidad.

De hecho, era cosa muy dura pensar en la posibilidad de quedar encinta a esa edad, y tal situación la llevó a una decisión precipitada; le pidió a su esposo que tomara por mujer a su sierva Agar para que le levantara descendencia.

Agar era una esclava egipcia que, según la costumbre de esos tiempos, fue dada a Sara como parte de su dote de bodas, y por eso, fue llevada con ellos en el momento en que se unieron en matrimonio. No obstante, aquella decisión tomada por Sara de permitir que Abraham se uniera a Agar para darle el hijo que esperaban, no se correspondía con la idea ni con el plan de Dios para el cumplimiento del propósito.

Aunque parezca desorbitado de nuestra manera de pensar, esa era la costumbre de aquellos tiempos, que si la esposa era estéril, el hombre podía levantarle descendencia en la esclava. Tal acto no era considerado pecaminoso, sino una costumbre de la sociedad; pero la enseñanza que esta historia nos deja, es el peligro latente de que muchas veces, por causa de las costumbres o tradiciones, podemos abortar propósitos.

No permitas que aquello a lo que te has acostumbrado se convierta en estorbo para tu propósito. Si te has acostumbrado a vivir de una forma, es probable que no lo puedas cambiar. Alguien dijo que *"todo aque-*

llo a lo que te acostumbras, no podrás cambiarlo". Dios quiere sacarte de la mentalidad de la resignación y del agobiante costumbrismo para introducirte en algo novedoso e inusitado.

Pero, por otra parte, también hay mujeres que aunque no se resignan a vivir siempre del mismo modo, se van al otro extremo y se precipitan al pretender alcanzar lo que desean por cualquier medio, sin darse cuenta de que Dios tiene una forma y una manera específica para que logremos conseguir cada cosa que nos promete. Dios no necesita de nuestra "ayuda" para que las cosas sucedan, pero sí requiere de nuestra fe para accionar sus promesas.

¿Cuántos hogares, matrimonios y ministerios se han debilitado, y aún destruido por una mala decisión? Mujer, Dios quiere transformar tu carácter con el único propósito de llevarte camino a la bendición, no a la derrota. Él te ha capacitado y habilitado con muchos dones y talentos fuertes y poderosos, para que alcances el propósito que ya está trazado para tu vida, pero necesitas que la mano de Dios moldee tu carácter como la dócil arcilla en manos del alfarero.

Nunca es demasiado tarde para reflexionar, ni mucho menos, para cambiar decisiones erróneas, o nuestras malas actitudes. Sara se percató de su error y decidió rectificar y creerle a Dios. Logró entender cuál era la diferencia entre la voluntad de Dios y la suya propia; descubrió la vía que la llevaría a dar a luz una nueva generación, el punto exacto de su milagro: El de concebir un hijo, el de gozarse viendo al pequeño nacer y crecer, correr de un lado a otro y ver realizado su sueño.

"Por la fe también la misma Sara siendo estéril, recibió fuerzas para concebir y dio a luz aún fuera del tiempo de su edad, porque creyó que era fiel, quien lo había prometido" **Hebreos 11:11**

Sara recibió fuerzas para concebir no sólo un hijo, sino para concebir el sueño de Dios, porque el Isaac que nacería, no era un simple regalo para una anciana estéril; era el instrumento de Dios para continuar con la generación de donde vendría Jesucristo el Salvador.

Pese a sus problemas de vejez y esterilidad, Sara no se detuvo por ello, sino que le creyó al Señor. Las circunstancias no pudieron dominar su vida; ella las venció por medio de la fe. Ella creyó que quien le había prometido, cumpliría toda su Palabra, pues sabía que Dios sería fiel y respaldaría su promesa con un milagro tangible; su hijo Isaac.

Mujer, tú estás viviendo en una estación de bendición bajo la gracia de Dios, las promesas que Él ha ofrecido darte están disponibles y accesibles en todo momento. Estás en el tiempo correcto para echar mano del mejor y más grande milagro de tu vida. No te detengas, empodérate con las bendiciones que Él ha decidido entregar en tus manos.

Dios ha decretado que el tiempo de tu infertilidad ha cesado; estás repleta de poder y autoridad divina para engendrar nuevas cosas, para generar un nuevo tiempo y una nueva visión, nuevos planes y proyectos, nuevos negocios y nuevas empresas, sin importar el tiempo de improductividad vivido. Al igual que en Sara, Dios ha iniciado una asombrosa transformación en ti.

"Acerquémonos, pues, confiadamente al trono de la gracia, para alcanzar misericordia y hallar gracia para el oportuno socorro." **Hebreos 4:16**

Las mujeres valientes no se mueven por circunstancias sino por el propósito divino. Tu dificultad no es más grande que la palabra profética que está sobre ti; así que, levántate y esfuérzate en Su gracia, permítete a ti misma una nueva oportunidad con Cristo dentro de ti, reviste tu vida con Su poder y déjate transformar por Su presencia y así ser activada en Su Reino.

Recuerda: Una mujer transformada, será siempre admirada.

CAPÍTULO 2

DESCUBRE LA HABILIDAD DE DIOS EN TI

"Mujer virtuosa, ¿quién la hallará? Porque su estima sobrepasa largamente a la de las piedras preciosas." **Proverbios 31:10**.

Durante mucho tiempo, el rol de la mujer estuvo limitado, y su capacidad subestimada en gran manera. La mujer no podía ejercer tareas distintas a las del hogar, no sobresalía como profesional, ejecutiva o empresaria, sino que era el hombre el único que podía ocupar tales posiciones.

Sin embargo, en la Biblia encontramos algunas mujeres que rompieron con estos paradigmas sociales y emergieron con sus capacidades, luchando en contra de la corriente, hasta alcanzar el nivel de su máximo potencial, y se atrevieron a establecer un nuevo orden en su entorno, en el marco del propósito de Dios para sus vidas. Eran Forjadoras de Cambios, dignas de que recordemos a algunas de ellas:

MUJERES CON ENTENDIMIENTO

Una de estas asombrosas mujeres mencionada en la Biblia tenía por nombre Lidia. Ella vivía en la populosa ciudad de Filipos, pero era oriunda de Tiatira, famoso puerto reconocido por la producción de tintes y por la coloración de textiles, rubro muy productivo para la época, del cual Lidia era una vasta conocedora, ya que trabajaba en el negocio de la púrpura, tinte obtenido de una planta de la zona, y que debido a su alto precio, era un producto utilizado mayormente por la nobleza.

Este negocio le permitía a Lidia obtener buenos y generosos ingresos, para vivir como una mujer digna y distinguida en medio de su sociedad, a la vez que le posicionaba por medio de relaciones sociales con la alta aristocracia de la época.

Según el libro de los Hechos, Lidia escuchó la buena nueva del Evangelio a través del Apóstol Pablo, y pronto comprendió que había una verdad espiritual desconocida por ella. Dice la Palabra de Dios, que el Señor abrió su corazón, y a través del ministerio apostólico, recibió entendimiento y revelación del poder de Dios. Esto la llevó a reconocer que todo lo que hacía y poseía, era secundario ante la verdad que se le había impartido.

Lidia representa a esa generación de mujeres emprendedoras, que han logrado acceder a las grandes oportunidades de este mundo, pero que aún no han conocido el poder transformador de Jesucristo en sus vidas. La historia bíblica dice que fue la primera mujer convertida al Evangelio en Macedonia y Europa por la predicación de Pablo.

Aunque la Biblia no lo menciona, hallazgos arqueológicos recientes han demostrado que esta mujer sirvió como una líder potencial desde su casa, en la cual albergaba a los ministros y apóstoles del Señor. Con sus bienes, hizo crecer el ministerio apostólico de Pablo y se presume que llevó la Palabra de Dios hasta Tiatira, en donde se fundó una Iglesia.

La vida de Lidia nos muestra el ejemplo del tipo de entendimiento que debe desarrollar cada mujer. Ella advirtió su potencial productivo, entendió que su cultura no podía limitar sus sueños, se apercibió de las verdades y de las promesas divinas para su vida. Comprendió que Dios la había creado con un diseño y una misión única, la de ser una empresaria del Reino para extender el Evangelio en la tierra.

Creo firmemente que necesitamos muchas Lidias en este tiempo, mujeres que descubran su diseño original, y que se percaten del poder creativo que ha sido puesto por Dios en ellas, el cual se ha mantenido oculto bajo el disfraz de la excusa de las muchas labores del hogar; necesitamos mujeres que se atrevan a desafiar las tradiciones sociales que las han minimizado, y que se tornen en servidoras del Reino de Dios, guiadas por una Palabra visionaria y emprendedora.

Hoy debes decidir levantarte fundamentada en una revelación de la verdad de Dios para tu vida. Todo lo que emprendas te arrojará los mejores resultados únicamente cuando logres visualizar el propósito del Señor. Dios nos revelará cosas nuevas y grandes cada día. Lidia abrió su corazón, ella se convenció tan profundamente, que pidió ser bautizada de inmediato, y no sólo ella, sino también toda su familia.

Déjate convencer por aquel que hace nuevas todas las cosas, el Espíritu Santo de Dios y avanza día a día, porque así como sucedió con Lidia, toda tu casa será también bendecida por Dios... Adelante.

"Mas buscad primeramente el Reino de Dios y su justicia, y todas estas cosas os serán añadidas." **Mateo 6:33**

MUJERES CON VISIÓN DE EQUIPO

"Ruego a Evodia y a Síntique, que sean de un mismo sentir en el Señor" **Filipenses 4:2**

Quiero mencionar la vida de dos mujeres que entendieron un principio sencillo: que *"dos son más que uno"*. Sí, parece poco serio, pero es que frecuentemente nos encontramos con muchas personas que, aunque saben que *"dos son más que uno"*, sin embargo, no lo entienden, o viven como si no lo entendieran.

Les hablo de Evodia y Síntique, dos mujeres que en un principio se desgastaron combatiendo solas, pero que después de aprender la lección, lograron hacer un trabajo en equipo.

Estas damas trabajaron juntas en la iglesia de Macedonia y alcanzaron un elevado nivel de ministerio, pero en algún momento de sus vidas, quizá debido a sus diferencias de criterio, pusieron en riesgo el propósito de Dios.

El Apóstol Pablo, en una de sus visitas, se percató de que a causa de la incipiente discordia que se estaba gestando, el plan de Dios como la iglesia misma de Filipos, estaban en riesgo de dividirse, por lo cual, en una de sus cartas, las exhortó a que no permitieran que las circunstancias adversas prevalecieran sobre ellas y las dividiera.

La actitud que debe prevalecer para lograr buenos resultados es la de trabajar en equipo, es decir, todos aportando, trabajando y compartiendo las mismas responsabilidades para alcanzar un mismo fin, sobrellevando las diferencias de criterio en favor de un propósito.

Conocí a un Apóstol chileno que decía: *"El show de las grandes estrellas del evangelio se acabó"*.

Esta frase me marcó, porque es cierto que estamos rodeados de muchas personas que quieren ser la estrella del show, y lo que no se dan cuenta, es de que cuando las estrellas se ven brillando, es porque están rodeadas de tinieblas.

A la luz del sol, aunque las estrellas brillen, no se ven, por eso, debemos dejar que sea la Luz de Cristo, el Sol de Justicia, la que brille, para que nuestras luces dejen de verse y sea de Él la gloria.

Lo individual debe menguar para abrir paso a una mentalidad de cuerpo y generar resultados y frutos para Dios. Es fácil emprender sueños por sí mismo, pero tarde o temprano, necesitaremos a alguien más para alcanzar lo que soñamos, y es posible que por ignorar esta verdad, veamos truncado nuestro camino hacia el éxito.

Recuerdo que uno de mis profesores de administración en la universidad, un día mencionó esta frase: *"La sinergia lleva al éxito"*. Creo que la expresión de intriga en muchos de nuestros rostros delató el hecho de que nunca habíamos escuchado esa palabra, pero enseguida añadió: *"Sinergia no es más que energía en conjunto, es decir, es cuando la fuerza de uno se une con la del otro para lograr un mejor y mayor rendimiento"*.

Ese día entendí que necesitamos sinergia en nuestros equipos para alcanzar un mayor potencial en nuestras vidas. Tu mejor equipo es tu familia. Tu mejor aliado puede ser tu esposo o tus hijos; no obstante, existen también familiares, amigos, compañeros de trabajo, o las personas que en la iglesia están trabajando junto a ti, con las que puedes conformar un equipo para alcanzar tus sueños, pero deben ser personas de tu mismo pensamiento, de tu mismo espíritu; es decir, nunca podrás lograr sinergia con yugos desiguales, con personas que no tienen tu misma visión y naturaleza.

Fíjate en esto; dos moléculas de hidrógeno y una de oxígeno, separadamente, no pueden lograr mucho, pero cuando se unen y logran establecer sinergia, pueden convertirse en agua (H_2O), el elemento fundamental para mantener la vida en el planeta, y si esa agua se evapora, puede mover un barco; si hierve, puede matar microbios; si se congela, puede preservar materia orgánica; si se asperja puede crear un micro clima, y si se canaliza, puede producir electricidad.

Mujer, entiende que no es en nuestra propia fuerza sino en la del Señor, y que las fuerzas de tu equipo en sinergia, te llevarán a mejores resultados.

No permitas que nada te divida o haga morir tus sueños y proyectos. Deja que el Espíritu de Dios obre en tu espíritu y hazte una con Él. Opera en su fuerza y remonta nuevas alturas porque llegarás a lugares inalcanzados, hasta alcanzar el propósito de Dios para tu vida.

Pablo rogó a Evodia y a Síntique que volvieran a unirse, para que así tuvieran una mejor proyección y resultados óptimos. Hoy te digo, si alguno de tu equipo se ha desunido, únete nuevamente con él, y así harás que sucedan las cosas y te vaya bien en el camino.

El nombre Evodia significa: *"Aquella a quien le va bien en el camino"* y Síntique: *"aquella que junto a otra, hace que sucedan las cosas"* o *"la que junto a otra culmina y alcanza, prospera y logra el objetivo."*

Esto es fabuloso, porque sus nombres nos hablan de su carácter.

Evodia representa el llamado al logro con el cual fuimos diseñadas. La ingeniería divina consiste en que fuiste planeada, pensada y calculada para el éxito, para que te vaya bien en el camino.

Hay una Evodia dentro de ti que necesita despertar a una realidad espiritual.

Pero, esa Evodia jamás podrá alcanzar su máximo potencial si no sabe lograr sinergia en sus potencialidades.

Mientras que Evodia representa el talento, Síntique representa el talante, es decir, la voluntad, el querer hacer. Es el saber reconocer las oportunidades divinas y determinarse a hacer que sucedan las cosas.

Es vincularse con la persona correcta, en el momento, lugar, y tiempo correcto, para hacer lo correcto. Mujer, es hora de retomar el trabajo y el tiempo perdido, manos a la obra...

MUJERES CON CAPACIDAD DE DAR

Consideremos el siguiente relato:

"Aconteció después, que Jesús iba por todas las ciudades y aldeas, predicando y anunciando el evangelio del reino de Dios, y los doce con él, y algunas mujeres que habían sido sanadas de espíritus malos y de

enfermedades: María, que se llamaba Magdalena, de la que habían salido siete demonios, Juana, mujer de Chuza intendente de Herodes, y Susana, y otras muchas que le servían de sus bienes" **Lucas 8:1-3**

Toda mujer porta una capacidad innata para dar de todo corazón, para bendecir a otros con todas sus fuerzas, y más allá de sus fuerzas. La historia anterior nos presenta a una mujer llamada Juana, fiel servidora de Jesús. Su nombre significa *"Favorecida de Dios"*; todo lo que ella tenía, lo entregaba al ministerio del Señor. Era la esposa de un hombre llamado Chuza, quien era intendente de Herodes, Rey de Israel durante esa época.

Juana no escatimaba nada para financiar el ministerio del maestro, era una mujer llena de gracia, fiel con sus bienes y de buen corazón. Se necesitan mujeres como ella, de corazón dispuesto para ayudar a la obra de Dios, ministerios e iglesias, pero sobre todo, que puedan hacerlo con entendimiento y revelación del Señor.

Lo más impresionante de Juana, es que estaba en una posición incómoda, debido al cargo que desempeñaba su marido, porque al ser intendente de Herodes, políticamente estaba al servicio de Roma, y es bien sabido que Herodes no era amigo de los *"grupos religiosos fanáticos disidentes"*, como más tarde, acusaron a Jesús y a sus discípulos ante él. Sin embargo, ella creía en Jesús y en su ministerio, y decidió dejar de lado sus conveniencias políticas, porque para ella, el Reino de Dios, era primero.

Estoy convencida que Dios va a levantar una generación de mujeres dadoras que van a sostener ministerios durante la próxima década. Estas mujeres, al igual que Juana, serán el soporte de la iglesia del Señor en los años venideros, y serán bendecidas sobreabundantemente.

Estas damas serán influyentes porque sabrán usar su posición para apoyar y estar al servicio de ministerios ungidos y propulsarán una poderosa expansión del Reino de Dios.

Tú puedes estar en la lista de mujeres ilustres como ésta, que tu nombre tenga un lugar y posición en la memoria de Dios a causa de tu disposición para dar. Recuerda a la viuda que colocó en la ofrenda del templo las dos únicas monedas que tenía, acerca de la cual dijo Jesús:

"...En verdad os digo, que esta viuda pobre echó más que todos. 4 Porque todos aquéllos echaron para las ofrendas de Dios de lo que les sobra; mas ésta, de su pobreza echó todo el sustento que tenía". **Lucas 21:3**

Es impresionante que Jesús dijo que esta mujer dio todo el sustento que tenía. Decidió quedarse sin sustento terrenal y mantenerse creyendo que del cielo, vendría el sustento divino. Esta viuda pobre, por medio de su ofrenda pasó a ser una mujer bendecida, porque el mismo Jesús, el Señor y creador del universo, fue quien recibió la ofrenda de sus manos, y de Él vendría toda provisión y bendición en forma de una poderosa cosecha.

Recordemos la Promesa de Dios para aquellos que siembran en Su Reino y en Su obra.

"Y poderoso en Dios para hacer que abunde en vosotros toda gracia, a fin de que, teniendo siempre en todas las cosas todo lo suficiente, abundéis para toda buena obra." **2 Corintios 9:8**

MUJERES INCONDICIONALES

Para terminar este capítulo, deseo presentarles de manera resumida, a una mujer con una virtud imprescindible para el Reino de Dios, como lo es, la incondicionalidad: Les hablo de Priscila.

"Después de estas cosas, Pablo salió de Atenas y fue a Corinto. Y halló un judío llamado Aquila, natural del Ponto, recién venido de Italia con Priscila su mujer, por cuanto Claudio había manado que todos los judíos saliesen de Roma. Fue a ellos." **Hechos 18:1-2**

Priscila significa *"pequeña"*, pero a pesar de su nombre, era una gran mujer debido a su incondicionalidad. En la ciudad de Corinto, conocieron a Pablo, y tanto ella como su esposo Aquila, lograron sostener una relación muy sólida con el Apóstol, de tal manera, que se asociaron con él en el trabajo de hacer tiendas de campaña, el cual era un trabajo común de la región, por el uso que le daban los ejércitos romanos a las carpas.

El Apóstol Pablo, necesitó en algún momento, financiar su propio ministerio, por eso, se asoció con esta pareja, pero, al ver ellos el esfuerzo y la unción del Apóstol, y tras comprender que Pablo era un hombre de ministerio y que estaba trabajando porque necesitaba extender el Reino de Dios, no pasó mucho tiempo sin que se dieran cuenta de que su mayor ganancia no estaba en hacerse socios del hombre de Dios, sino en convertirse en inversionistas de su ministerio.

Por ello, Priscila y Aquila, determinaron más bien, que el Apóstol trabajara en la obra del ministerio, y ellos, se encargarían de sostenerlo. Priscila era una mujer tan entendida, que no escatimó en dar su tiempo, recursos y trabajo, con tal de que el Reino de Dios se extendiera a través del ministerio de Pablo. Por eso, el Apóstol escribió:

"Saludad a Priscila y a Aquila, mis colaboradores en Cristo Jesús, que expusieron su vida por mí, a los cuales no solo yo doy las gracias, sino también todas las iglesias de los gentiles". **Romanos 16:3-4.**

La incondicionalidad de Priscila, hizo que esta mujer expusiera su vida por salvar la de Pablo durante un tiempo de persecución que sufrió en esa ciudad.

Ella se encargó del sustento y resguardo del Apóstol, porque estaba convencida del alcance de este ministerio, pero más aún, de su clara visión y entendimiento del propósito de Dios con su propia vida y la de Pablo, lo cual permitió que el ministerio apostólico siguiera adelante hasta culminar su cometido.

Una verdadera Forjadora de Cambios, no pone condiciones para trabajar en la obra de Dios, más bien, entrega lo mejor de sí misma, porque sabe que en esta vida recibirá su galardón por cada esfuerzo puesto en el Reino.

"Y cualquiera que haya dejado casas, o hermanos, o hermanas, o padre, o madre, o mujer, o hijos, o tierras, por mi nombre, recibirá cien veces más, y heredará la vida eterna." **Mateo 19:29**

CAPÍTULO 3

EXCELENCIA Y PASIÓN EN LA MUJER: EL CAMINO AL ÉXITO

En cada lugar al que me invitan a dictar alguna conferencia, hago hincapié en la pasión que debe caracterizar a la mujer. Cuando a una mujer se le presenta un reto en esta vida, su victoria está garantizada, pues cuenta con toda la habilidad de Dios para alcanzarlo, sin embargo, es la pasión lo que determina la intensidad de su avance en el momento de emprender nuevos desafíos.

Siempre comparo la pasión con un cartucho de dinamita; no importa cuánta carga de pólvora pueda contener en su interior, ni siquiera importa su tamaño; su poder explosivo jamás será activado, si antes no logra encender la mecha que transmite el fuego desde afuera hacia adentro.

La pasión es la llama que inicia el estallido. La pasión es el fuego del Espíritu que viene desde los cielos para activar tu energía interior y hace estallar tus potencialidades hasta lograr un efecto impresionante en tu entorno.

Encontramos mujeres cuya pasión las hace transformar las cosas más sencillas, en un verdadero acontecimiento: Desde preparar un plato, hasta el momento de sentarse a comer, la pasión puede convertir una simple comida en una poderosa arma para crear oportunidades y lograr objetivos.

La pasión te hace estudiar durante años hasta alcanzar la profesión que deseas, aun y cuando tengas hijos, marido, o seas ama de casa. La pasión puede hacer que el cuidado de los niños o la limpieza de la casa, se tornen en un valor fundamental para forjar el carácter del hogar y de las generaciones siguientes.

Conocí el caso de una mujer cuya pasión era mantener en orden perfecto las sillas de la iglesia, todos aquellos que la veían en su afanada labor se reían y le hacían cualquier chiste, pues llamaba la atención que le diera tanta importancia a un trabajo tan simple; pero un día, ante una de las jugarretas, exclamó: *"¿Saben por qué me gusta mantener estas sillas limpias y en estricto orden? Porque allí se sentará una persona a la cual Dios va a llenar de su gracia"*, explicaba ella. *"Mientras lo hago, le voy pidiendo a Dios pueda hablar, ministrar o sanar a la persona que allí se siente. En estas sillas se van a sentar los próximos ministros, apóstoles y profetas, empresarios y gobernadores que cambiarán al mundo..."* Todos quedaron mudos, pues la pasión de aquella sencilla mujer los había dejado sorprendidos.

La historia bíblica muestra el caso de una mujer que mostró una gran pasión por su pueblo, el cual estaba siendo azotado por el maltrato de uno de los representantes del gobierno de la época. Hablo de Ester y del pueblo judío.

Esta mujer no se detuvo ante ningún obstáculo, porque desarrolló un nivel de pasión que le permitió cumplir con el propósito que se había trazado; salvar a su pueblo.

Ester era una joven judía que había quedado huérfana de padre y madre desde muy joven, y fue adoptada por el hijo de su tío, de nombre Mardoqueo. Ella, junto a su pueblo Israel, se encontraba exiliada y cautiva en un remoto lugar llamado Susa, capital del reino de Persia, cuando aconteció un problema en el palacio del rey Asuero, conocido históricamente como Jerjes I.

Éste, había invitado a los magistrados y representantes más poderosos de Persia y de Media, y a los gobernantes y príncipes de provincias, para mostrar las bellezas de su reino incluyendo entre ellas a su esposa, cuyo nombre era Vasti.

"para mostrar él, las riquezas de su reino, el brillo y magnificencia de su poder por muchos días, ciento ochenta días" **Ester 1:4**

La razón de esta extraña exhibición, se debía a una estrategia política a través de la cual el rey Asuero buscaba aliados ante una posible confrontación con otros reinos. Pero ocurrió algo inesperado, y es que en el momento en que Asuero quiso también mostrar a su esposa, la reina Vasti, la mujer más hermosa de la capital, al pedir que la trajeran para presentarla ante los ojos de los príncipes, ésta no quiso comparecer a su llamado.

El motivo por el cual Vasti no quiso presentarse ante su esposo, no se pudo explicar, pero indudablemente, su mala decisión la llevó al fracaso total de su vida. Lo que antes tenía, poseía o gozaba, lo perdió en cuestión de minutos a causa de su desobediencia e imprudencia. Ella no supo ser sujeta a su esposo y lo llevó al escarnio público.

Vasti fue una mujer que no valoró la posición ni la oportunidad que tenía, además irrespetó a su autoridad, a su cobertura, al rey Asuero, su esposo. Seguramente, a Vasti le faltó pasión para asumir su rol como reina y como esposa, pues de lo contrario, no hubiera mostrado tal comportamiento.

Me atrevería a pensar que aun esta reina no mantenía buenas relaciones con las personas que estaban a su alrededor, ya que cuando no acudió al llamado del rey, los representantes, cortesanos y otros más cercanos a él, pidieron sustituirla de inmediato

"...Que Vasti no venga más delante del rey Asuero; y haga reina a otra que sea mejor que ella" **Ester 1:19**

Y así sucedió; Vasti fue destituida de su posición real, y se decidió buscar para el Rey Asuero otras doncellas y prepararlas para reinar en su lugar.

"y la doncella que agrade a los ojos del rey reine en lugar de Vasti, esto agrado a los ojos del rey y lo hizo así" **Ester 2:4**

Es a partir de este momento en que surge en el escenario una mujer apasionada: Ester, mujer hermosa y sabia quien supo entender su rol dentro del plan eterno de Dios. Se divulgó la noticia en la capital y las provincias que se buscarían doncellas, jóvenes para ser preparadas para ocupar el puesto de la reina Vasti.

Ella, orientada por Mardoqueo aceptó ser llevada al palacio del rey. Ester era una joven hermosa.

"y la joven era de hermosa figura y de buen parecer" **Ester 2:7**

El primer obstáculo que debió vencer Ester, fue el de callar todo en cuanto a su origen y parentela, porque si se sabía que era judía, jamás calificaría para ser reina del imperio Medo-Persa. Ella llevaba impreso un propósito en su corazón y una pasión que no la dejaría fracasar: El convertirse en la reina Ester, por lo tanto, su pasión la hizo prudente hasta vencer su primer obstáculo.

Asimismo, tuvo que enfrentar otro impedimento, y fue el tener que pasar doce meses en el palacio del rey Asuero, en un lugar conocido como la casa de las mujeres.

"...seis meses con óleos de mirra y seis meses con perfumes aromáticos y aceites de mujeres" **Ester 2:12**

Este tiempo no resultaba fácil; era de una disciplina estricta, de tratamientos intensos, dietas rígidas, educación en protocolos, etc.

Durante este período, Ester tuvo que separase de Mardoqueo quien representaba para ella la figura paterna, aquel que la había adoptado como su hija, al quedar huérfana de padre y madre. Quizás durante esos doce meses experimentó la soledad o la necesidad de estar con su familia, con los de su pueblo, allí anheló probablemente las conversaciones con sus amigas, el compartir por medio de sus costumbres con todos sus conocidos, pero la pasión presente en su corazón le hizo soportar todo y salir victoriosa de aquel lugar.

Cumplido el tiempo de preparación Ester fue llevada junto a otras doncellas a la presencia del rey y éste al verla, quedó impresionado por su belleza y agradó a sus ojos.

"... Y el rey amó a Ester más que a otras mujeres y halló ella gracia y benevolencia delante de él más que todas las demás vírgenes; y puso la corona real en su cabeza y la hizo reinar en lugar de Vasti" **Ester 2:17**

En esta historia de la vida real, me impresiona la pasión de esta joven que logró convertirse de huérfana desconocida, a reina conocida y amada, y quien supo ganarse el favor tanto del rey como de los representantes más cercanos,

"Y ganaba Ester el favor de todos los que la veían"
Ester 2:15

Más tarde, desde la posición que alcanzó, logró ayudar a su pueblo y sacarlo a la libertad. Ella, gracias a la pasión que tenía, logró cumplir su objetivo y sirvió como instrumento para la continuidad del propósito eterno de Dios. Indudablemente fue la gracia de Dios quien la llevó a tan grande éxito, pero su dedicación y entrega le dieron los mejores resultados para lograr la excelencia.

¡Qué esperas mujer! Avanza, camina con pasos agigantados pues Dios ha puesto en ti toda su gracia para ayudarte a cumplir todo su propósito. Hay un trono vacante esperando por una mujer con pasión. Hay en este mundo muchas "Vasti" ocupando un trono que te pertenece. Recuerda encender la llama da la pasión y el mismo Dios hará explotar tu vida en un poderoso estallido de unción, gracia y favor.

A continuación, un cuadro comparativo entre estas dos mujeres, nos muestra cómo la pasión y excelencia de Ester logró lo que se había propuesto.

VASTI	ESTER
Representa la desobediencia: Aunque era muy hermosa, no supo sujetarse a su autoridad.	*Representa la sumisión: Para ser excelente y apasionada se necesita estar sujetas a Dios.*
Representa la inconstancia: No aprovechó las oportunidades que tenía lo cual se tradujo en grandes pérdidas.	*Representa la perseverancia: Soportó aun los doce meses de preparación y superó todos los obstáculos.*
Representa lo superficial: Vivía de un protocolo sin entender motivos.	*Representa la sabiduría: Supo sacar provecho de sus potencialidades.*
Representa las malas decisiones: Perdió todo por su imprudencia.	*Representa el la prudencia: Se hizo reina porque usó su boca prudentemente.*
Representa la actitud del alma: Emociones y sentimientos que gobiernan.	*Representa el fruto del Espíritu: Mansedumbre, templanza, amor, etc.*

CAPÍTULO 4

MADRE ABNEGADA:
¿UNA BUENA EXCUSA PARA EL FRACASO?

Ser mujer no es igual a ser madre

Muchas veces hemos escuchado hablar de las cualidades y virtudes de una mujer, pero denotar las de una madre es más profundo y extenso. Una madre es el complemento más hermoso para un hogar, la compañera fiel para los hijos y la ayuda idónea perfecta para la sociedad.

"...sus hijos se levantan y la llaman bienaventurada" **Proverbios 31:28**

Ella es el mejor psicólogo, pues siempre está dispuesta a alentar, es médico, pues siempre cuida la salud de sus hijos, y es la mejor gerente de la empresa llamada hogar. La madre representa el amor y la capacidad de terminar todos los sueños que se ha trazado.

Recuerdo el tiempo de mi niñez, cuando la mayoría de las noches me sentaba junto a mi abuela. Ella, en su humilde sillón y mirándome fijo a los ojos, suspiraba y decía: *"Ser mujer no es igual a ser madre".*

Siempre la escuchaba atentamente aunque no entendía la diferencia, pues yo tenía tan sólo doce años de edad. Sin embargo, retuve en mi memoria sus palabras, hasta que pasado el tiempo, Dios me otorgó la dicha de tener a mis hijas, y de comprender las acertadísimas palabras de mi abuela.

Hoy puedo sostener estas palabras delante de muchas personas y decir: *"no es lo mismo ser mujer que ser madre."*

Puedo imaginar a muchas mujeres de las que habla la Escritura, las cuales, por diversas circunstancias, tuvieron que pasar por el duro trance de ser madres, y al mismo tiempo, convertirse en mujeres luchadoras por su destino.

Estudié la vida de una mujer valiente y esforzada, la madre de Moisés, cuyo nombre Jocabed significa *"El Señor es Gloria".* Era una de las hijas de un hombre llamado Leví. Ella se casó con Amram (su sobrino) y de esa unión nació Moisés, quien más tarde se convertiría en el libertador del pueblo de Israel que estaba en esclavitud en Egipto y en manos del Faraón.

Jocabed debió enfrentarse con la triste situación de separarse de su pequeño hijo a la edad de tres meses de nacido. Esto, debido a que en ese momento se levantó en Egipto un Faraón que temió que los israelitas que habitaban en Egipto se hicieran más fuertes que ellos, pues veía que día a día crecían y se multiplicaban, y pensó que en un momento de guerra los egipcios podían ser derrotados por ellos.

"he aquí, el pueblo de los hijos de Israel es más numeroso y fuerte que nosotros. Ahora, pues seamos sabios para con él, para que no se multiplique y acontezca que, en caso de guerra, él también se una a nuestros enemigos para pelear contra nosotros, y se vaya de esta tierra" **Éxodo 1:9-10**

Debido al temor del Rey, se decretó un edicto el cual declaraba que todo niño varón que naciera de mujer hebrea, debían matarlo, con el fin de disminuir su número.

"Cuando asistáis a las hebreas en sus partos, observad el sexo; si es hijo, matadlo; si es hija, dejadla vivir." **Éxodo 1:16**

Puedo imaginar el dolor de Jocabed, al separarse de su pequeño Moisés, quien tan sólo tenía tres meses de edad. Quizá aún estaba siendo amamantado, y cuando ella estaba más feliz de tenerlo entre sus brazos, tuvo que llevarlo a la orilla del río y dejarlo a expensas del río Nilo en su canastilla, la cual ella misma preparó con los resistentes juncos que nacían en la orilla.

Indudablemente, esta mujer fue una verdadera madre. Supongo que ella estaba convencida que a su hijo no le ocurriría nada. ¡Qué situación tan terrible para esta madre, el pensar que su bebé estaría en medio del agua, quizás con frío o con el peligro que la canastilla pudiera volcar y ahogarse, o simplemente que algún animal pudiera hacerle algún daño!

No cabe duda de que la oración apasionada de esa mujer movió del corazón de Dios, y logró en la intimidad con el Señor, que a su hijo no le pasara nada, ya que la historia comenta que estando la hija del Faraón cerca de la orilla del río, vio la canastilla, la tomó y encontró allí al pequeño Moisés. Enseguida entendió que era un niño hebreo, y ¡sorpresa!. La hija de Faraón halló a Jocabed a quien le encargó la crianza del niño. Luego, lo llevó hasta el palacio de Faraón y allí culminó su educación hasta ser adulto.

La decisión de Jocabed de arriesgar su vida para preservar la del niño, la convirtió en una Forjadora de Cambios. Le entregó a Dios un hijo, y Dios le devolvió un libertador. Quizá Jocabed no tendría los mejores títulos, ni los mejores estudios, tampoco las condiciones más favorables, pero su mentalidad renovada la hizo entender que ese pequeño era un rey en potencia, un conquistador. No lo vio como un problema, sino como una bendición de Dios para traer libertad.

Cuántas veces las situaciones te hacen ver problemas, cuando detrás del problema están las mejores oportunidades... Moisés nunca habría nacido a no ser por la valentía de Jocabed, quien además de ser mujer, fue una madre abnegada, una forjadora de nuevos destinos de bendición.

En este tiempo, debes entender que por más difícil que sean las circunstancias, estás habilitada y capacitada para lograr todos los sueños que tienes, pues, con tu oración y búsqueda del Señor, lo verás realizado. Hay una palabra dentro de ti que declara victoria, un nuevo tiempo, un milagro que está por llegar.

Jocabed nunca se rindió, siempre esperó el tiempo para ver su respuesta. No hay impedimento para que una madre o una mujer alcancen lo que desean, así que gózate y alégrate, pues la respuesta que esperas está muy cerca. Adelante.

CAPÍTULO 5

LA PERSEVERANCIA EN UNA MUJER

"Todo tiene su tiempo y todo lo que se quiere debajo del cielo tiene su hora". **Eclesiastés 3:1**

La mayoría de las veces, la mujer tiende a caer en la trampa de la impaciencia. Debido a nuestra naturaleza, siempre deseamos las cosas en un abrir y cerrar de ojos, y nos cuesta mucho esperar.

En mi primer libro, enfatizo una y otra vez que para la mujer es muy difícil decir *"no puedo"* ya que, por más fuerte que sea una tarea, siempre estamos dispuestas a asumir el riesgo. A diferencia del hombre, la mujer no se queda a pensar *"¿será que podré hacerlo?"* o *"lo hubiera hecho..."* en vez de ello, prefiere intentarlo una y otra vez hasta lograr el objetivo, a menos que se dé cuenta de que aquello no esté en la voluntad de Dios.

La Biblia narra la historia de una mujer que estaba enferma hacía ya muchos años, pero un día decidió intentar alcanzar su milagro hasta lograrlo.

> *"Pasando otra vez Jesús en una barca a la otra orilla, se reunió alrededor de él una gran multitud; y él estaba junto al mar.* ²² *Y vino uno de los principales de la sinagoga, llamado Jairo; y luego que le vio, se postró a sus pies,* ²³ *y le rogaba mucho, diciendo: Mi hija está agonizando; ven y pon las manos sobre ella para que sea salva, y vivirá.* ²⁴ *Fue, pues, con él; y le seguía una gran multitud, y le apretaban.* ²⁵ *Pero una mujer que desde hacía doce años padecía de flujo de sangre,* ²⁶ *y había sufrido mucho de muchos médicos, y gastado todo lo que tenía, y nada había aprovechado, antes le iba peor,* ²⁷ *cuando oyó hablar de Jesús, vino por detrás entre la multitud, y tocó su manto.* ²⁸ *Porque decía: Si tocare tan solamente su manto, seré salva.* ²⁹ *Y en seguida la fuente de su sangre se secó; y sintió en el cuerpo que estaba sana de aquel azote".* **Marcos 5:21**

Jesús venía de una gira por una región llamada Decápolis y acababa de llegar a Capernaúm, en donde vivía. Ese día, iba de camino a casa de un hombre llamado Jairo, el cual era uno de los principales de la sinagoga, debido a que su hija estaba a punto de morir, pero en ese trayecto aparece en la escena esta mujer, quien había estado enferma desde hacía ya doce años.

Imagino lo que pensaría... *"hasta hoy es mi sufrimiento"*. Así que decidió lograr lo que se proponía; tocar a Jesús, y así, ser sanada de su enfermedad. Ella no se detuvo a pensar en las limitaciones que tenía en ese momento, las cuales eran un verdadero tormento para su vida.

Esta mujer tenía una grave enfermedad física. La anormalidad en su matriz producía un constante y permanente flujo de sangre, eran doce años de hemorragia. El dolor que tenía seguramente era insoportable, ya que en la mayoría de los casos, esta situación produce una profunda dolencia en las caderas o en el vientre. Se presume que la hemorragia se debía a un cáncer uterino, pero a ella no le importó ese dolor, sino que su perseverancia la hizo adentrarse en medio de la multitud en busca de su milagro.

Por otra parte, no era sólo el dolor, sino la debilidad causada por la anemia crónica que padecía. Su pérdida de sangre, traía en consecuencia una pérdida de vigor, producto de este problema la hacía estar muy débil físicamente. Además, de los problemas físicos, también enfrentaba un problema social y religioso, debido a que por el tipo de enfermedad en aquel tiempo la sociedad la consideraba inmunda, y por ende, era aislada de la sociedad.

Este rechazo social colectivo, seguramente añadió una crisis psicológica a la condición de esta mujer, ya que debió haber sufrido mucho; quizás se sentía frustrada, sola e impotente, y se sentía incapacitada.

Además quizás estaba confrontada por el problema financiero, pues, dice la escritura que había gastado todo lo que tenía. *(Marcos 5:26)*

Para completar el cuadro de las imposibilidades que enfrentaba esta mujer, su condición espiritual debió haber sido terrible, ya que estaba sin esperanzas, pues nadie la había podido ayudar con su problema, sino que cada día le iba peor y había sufrido mucho de muchos médicos. Quizá pudo haber pensado que Dios la había abandonado.

Realmente esa mujer de la cual hoy estamos haciendo memoria, tenía suficientes y poderosas razones para justificar un gran fracaso, pero en verdad, nunca se detuvo, y puso a un lado todas estas desventajas y decidió alcanzar su propósito.

Cuando oyó hablar de Jesús se propuso sortear todo obstáculo con el fin de acercarse a Él y tocar su manto, pues entendió que Él era la solución a su problema, que en Jesús encontraría no sólo sanidad, sino salvación, paz, amor y el logro de su sueño, ser reinsertada a la sociedad.

Ella dijo:

"si tan sólo tocare su manto seré salva" **Marcos 5:28**

Esta mujer hizo tres cosas importantes: Tuvo temor de Dios y fue transparente y humilde ante él. Se postró (en señal de reverencia ante la autoridad de Jesús), y le dijo toda la verdad (abrió su corazón).

"cuando oyó hablar de Jesús, vino por detrás entre la multitud, y tocó su manto. ²⁸ Porque decía: Si tocare tan solamente su manto, seré salva. ²⁹ Y en seguida la fuente de su sangre se secó; y sintió en el cuerpo que estaba sana de aquel azote. ³⁰ Luego Jesús, conociendo en sí mismo el poder que había salido de él, volviéndose a la multitud, dijo: ¿Quién ha tocado mis vestidos? ³¹ Sus discípulos le dijeron: Ves que la multitud te aprieta, y dices: ¿Quién me ha tocado? ³² Pero él miraba alrededor para ver quién había hecho esto. ³³ Entonces la mujer, temiendo y temblando, sabiendo lo que en ella había sido hecho, vino y se postró delante de él, y le dijo toda la verdad." **Marcos 5:27-33**

Puedo imaginar lo impresionante de ese momento, la mujer tocando a Jesús; él, volteando su mirada de un lado a otro para ver quién lo había tocado; sus discípulos, quizás algo nerviosos, pues pensarían que a su maestro le había acontecido algo; tal vez un silencio entre la multitud, un temblor en el cuerpo de esta mujer, la voz del Señor preguntando *"¿Quién me ha tocado?"*. La mirada simple y caída de una mujer enferma respondiendo *"yo he sido"*... Indudablemente impresionante.

Estuvieron frente a frente Jesús y la mujer, y es allí cuando ella recibe el milagro que buscaba. Jesús le respondió *"hija"*, ¡qué palabra tan hermosa a sus oídos!, ya que ella, había sido tan rechazada durante todo el tiempo de su enfermedad. Imagino que al escucharlo como ese padre amoroso que una y otra vez llama a su descendencia *"hijo, hija"*, no hizo otra cosa que quedar postrada a sus pies y dejar que sus lágrimas regaran ese lugar.

Mas sin embargo, Jesús pronunció algo más profundo y honroso:

"eres salva", y "queda sana de tu azote, ve en paz". **Marcos 5:34**

Estas tres cosas que hizo el Señor; salvación, paz y sanidad, la convirtieron en la mujer que deseaba ser hacía muchos años. Esta mujer esperó el momento exacto y oportuno porque entendió que en Dios, todo tiene su propio tiempo.

"todo lo que se quiere debajo del cielo tiene su hora" **Eclesiastés 3:1**

Es probable que hoy estés esperando un milagro, quizá has tenido que confrontar una enfermedad, quizá los médicos no te dan esperanza, y en tu hogar las cosas no vayan muy bien; quizá has tenido que enfrentar problemas, pero hoy te digo, es hora de que creas que tu solución está en Jesús.

Esta mujer tocó a Jesús hace más de dos mil años, pero ahora Él ha resucitado, y nos ha dejado al Espíritu Santo, quien es Él mismo viviendo dentro de ti, el Cristo resucitado haciendo morada en tu corazón y que ahora es parte de ti. Por eso, puedes acudir confiadamente ante Él, en cualquier momento, a cualquier hora, Él siempre estará allí para socorrerte.

Tú cuentas con el respaldo de Dios, con Su Palabra la cual declara que serás bendición, y que nada te quitará lo que te corresponde como herencia.

Es hora de perseverar y esperar el momento oportuno para tu milagro, no te detengas; tu fe te hará alcanzar todas las promesas que han sido decretadas para ti.

Persevera y conviértete en una Forjadora de Cambios.

CAPÍTULO 6

LA MUJER Y LA INTELIGENCIA ESPIRITUAL

La Biblia relata en 1 Samuel 25:1-44 la historia de una mujer que entendió que había un propósito para su vida, y que no dejaría que sus sueños fuesen frustrados. Hablo de Abigaíl, una dama que enfrentando el riesgo de la muerte, decidió trascender y vivir, antes que morir.

Abigaíl vivía cómodamente, tenía dinero y podía tener cuantos hijos quisiera, tenía muchos siervos que le atendían, tanto a ella como a su familia; se podría decir que vivía el sueño ideal de toda mujer, excepto por algo: No tenía el matrimonio que ella deseaba. Ella estaba casada con un hombre llamado Nabal, el cual era rico y tenía extensas propiedades, ganado y muchos bienes, pero era un hombre necio, tosco e insensato.

"Y en Maón había un hombre que tenía su hacienda en Carmel, el cual era muy rico, y tenía tres mil ovejas y mil cabras. Y aconteció que estaba esquilando sus ovejas en Carmel. 3 Y aquel varón se llamaba Nabal, y su mujer, Abigaíl. Era aquella mujer de buen entendimiento y de hermosa apariencia, pero el hombre era duro y de malas obras; y era del linaje de Caleb". **1 Samuel 25:2-3**

Nabal era todo lo contrario que su esposa, la cual era una mujer alegre, hermosa, sabia y de buen corazón.

A ellos les aconteció una situación en sus vidas que cambió su destino para siempre. Cierto día, apareció en el escenario de sus vidas el Rey David, quien se encontraba en situación de guerra y necesitaba ayuda urgente. Cuando pasó junto a sus siervos y ejército por las tierras de Nabal, esposo de Abigaíl, envió mensajeros a hablar con él a fin de que le proveyera de alimentos, y quizás hasta de algún bien, para él y toda su gente.

"Entonces envió David diez jóvenes y les dijo: Subid a Carmel e id a Nabal, y saludadle en mi nombre, 6 y decidle así: Sea paz a ti, y paz a tu familia, y paz a todo cuanto tienes. 7 He sabido que tienes esquiladores. Ahora, tus pastores han estado con nosotros; no les tratamos mal, ni les faltó nada en todo el tiempo que han estado en Carmel. 8 Pregunta a tus criados, y ellos te lo dirán. Hallen, por tanto, estos jóvenes gracia en

Forjadoras de Cambios

tus ojos, porque hemos venido en buen día; te ruego que des lo que tuvieres a mano a tus siervos, y a tu hijo David." **1 Samuel 25:5-8**

Como Nabal no conocía a David, decidió responder que no le entregaría cosa alguna de lo que le había pedido; esto trajo como resultado que David se enojara en gran manera y se armara con cuatrocientos hombres para ir donde Nabal y acabar con él, con sus tierras, ganado, bienes, y familiares.

"Entonces David dijo a sus hombres: Cíñase cada uno su espada. Y se ciñó cada uno su espada y también David se ciñó su espada; y subieron tras David como cuatrocientos hombres, y dejaron doscientos con el bagaje." **1 Samuel 25:13**

Pero esta terrible información llegó a oídos de Abigaíl, acerca de todo lo que acontecería ese día, y la razón por la cual David lo haría, porque uno de sus siervos se lo había contado.

"Pero uno de los criados dio aviso a Abigaíl mujer de Nabal, diciendo: He aquí David envió mensajeros del desierto que saludasen a nuestro amo, y él los ha zaherido". **1 Samuel 25:14**

Ella, después, pensando muy bien en toda la situación, comenzó a tramar un plan perfecto para salvar su casa y sus vidas. Usando la sabiduría que tenía, quizá le llevó algunas horas, pero echó mano de su inteligencia para proveerse de una oportunidad y aferrarse al propósito que Dios tenía para su vida.

Abigaíl decidió marcar una diferencia, romper cualquier paradigma y no creerle a las circunstancias, sino actuar con un liderazgo emprendedor, como una mujer sabia y entendida, de un propósito firme.

"Entonces Abigaíl tomó luego doscientos panes, dos cueros de vino, cinco ovejas guisadas, cinco medidas de grano tostado, cien racimos de uvas pasas, y doscientos panes de higos secos, y lo cargó todo en asnos." **1 Samuel 25:18**

Así que, luego de convertirse en una visionaria de un nuevo tiempo, dio aviso a sus criados para que la ayudaran a ejecutar su plan.

"Y dijo a sus criados: Id delante de mí, y yo os seguiré luego; y nada declaró a su marido Nabal. 20 Y montando un asno, descendió por una parte secreta del monte; y he aquí David y sus hombres venían frente a ella, y ella les salió al encuentro." **1 Samuel 25:19**

DECIDE SER PROACTIVA, NO REACTIVA

El primer paso que dio Abigaíl, fue tener una actitud proactiva antes que reactiva; ella pensó, actuó con dominio propio, pidió al Señor sabiduría y dirección acerca de lo que debía hacer y él le respondió. Así que logró éxito en su propósito.

Muchas mujeres fracasan, a causa de poner por delante sus sentimientos y emociones, antes que la inteligencia y sabiduría que Dios les ha dado. La Biblia habla de un elemento desconocido por muchas de nosotras, la inteligencia espiritual.

"Por lo cual también nosotros, desde el día que lo oímos, no cesamos de orar por vosotros, y de pedir que seáis llenos del conocimiento de su voluntad en toda sabiduría e inteligencia espiritual" **Colosenses 1:9**

Debemos aprender a solucionar los conflictos, no con las emociones del alma, porque todo se puede venir abajo en un instante. Antes bien, debemos comprender que tenemos un recurso llamado inteligencia espiritual, el cual nos permite estudiar detenidamente el problema bajo la óptica divina, discernir y tomar lo bueno, desechar lo malo, entender qué actitudes de nuestra parte son convenientes al propósito eterno de Dios y optar por lo mejor.

Tú puedes tomar la mejor decisión si te lo propones ¡Nunca seas visceral! Sino, sé sabia e inteligente, no desde las emociones sino desde el poder del Espíritu.

DECIDE POR LO IMPORTANTE, NO POR LO QUE TE URGE

Otra actitud importante que observo en esta mujer, es que no se detuvo a pensar que probablemente moriría como consecuencia de esa decisión, sino que se mantuvo sobria y equilibrada ante la circunstancia.

Ella quizás pensó que era urgente convencer a Nabal de que le entregara a David todo lo que pedía, pero se dio cuenta de que más tarde se podría presentar de nuevo la misma situación, así que decidió optar por lo importante antes que lo urgente; esto es, que David no pudiera hacer lo que se había propuesto, ni ese día ni ningún otro.

De este modo, mandó llamar a uno de sus siervos y le ordenó buscar todo lo que David pedía, porque ella misma se lo entregaría en sus manos, sin el consentimiento de Nabal.

*"Y cuando Abigaíl vio a David, se bajó prontamente del asno, y postrándose sobre su rostro delante de David, se inclinó a tierra; 24 y se echó a sus pies, y dijo: Señor mío, sobre mí sea el pecado; mas te ruego que permitas que tu sierva hable a tus oídos, y escucha las palabras de tu sierva. 25 No haga caso ahora mi señor de ese hombre perverso, de Nabal; porque conforme a su nombre, así es. Él se llama Nabal, y la insensatez está con él; mas yo tu sierva no vi a los jóvenes que tú enviaste. 26 Ahora pues, señor mío, vive Jehová, y vive tu alma, que Jehová te ha impedido el venir a derramar sangre y vengarte por tu propia mano. Sean, pues, como Nabal tus enemigos, y todos los que procuran mal contra mi señor. 27 Y ahora este presente que tu sierva ha traído a mi señor, sea dado a los hombres que siguen a mi señor". **1 Samuel 25:23-27***

Todo lo que el esposo le había negado a David, ella se lo llevó con tal de que no fuese manchada con sangre su casa y toda la región. Así que Abigaíl salió a apropiarse de su visión, de su fin, de la meta que tenía para evitar una masacre, a riesgo de perder su propia vida.

Hay muchas mujeres que se dejan derrotar por situaciones, y no quieren luchar por su familia ni por su vida. Es probable que alguien sin visión de propósito haya estancado el avance de tu casa, de tu hogar, pero, no desesperes, Dios tiene algo que hacer contigo.

Tú también cuentas en el plan de Dios. No te quedes llorando por tu presente y anhelando tu futuro.

La palabra de Dios nos enseña, que Él nos ha dado de sus fuerzas, de su esencia y poder para que arrebatemos lo que nos pertenece.

Hoy te hablo al espíritu para decirte que dejes de anhelar tu destino como si estuviera muy lejano; es hora de que te levantes y luches para que logres el éxito, salud y bienestar en este tiempo y en el venidero. Deja de llorar y prosigue hacia la meta.

Abigaíl colocó toda la provisión sobre sus asnos y salió a cumplir su propósito. ¡Haz tú lo mismo!

DECIDE CONFIAR EN DIOS Y NO EN TUS PROPIAS FUERZAS

Puedo imaginar a esta mujer mientras iba de camino, pensando en mil cosas como sucedería a cualquiera de nosotras cuando estamos en una situación difícil o en un dilema.

Quizá sólo miraba el camino, sin podía apreciar al verdor del campo, ni escuchar el cantar de los pájaros, sino que nada más se preguntaba *¿Resultará esto? ¿Y si no resulta? ¿Y si Nabal me descubre y me mata? ¿Estaré siendo desobediente?*

Pero al final, hizo lo que Dios puso en su corazón, lo que se había propuesto. Porque la mujer cuando determina alcanzar alguna cosa, hace aún hasta lo imposible hasta lograrlo.

Tú puedes alcanzar tu propósito; al igual que Abigaíl, tienes que equilibrar tus funciones y deberes como mujer, pero ante todo, obedecer lo que el Señor te dice. En este tiempo debes correr al cumplimiento y puesta en marcha de tu ministerio; toma fuerzas y echa mano de todas las promesas de Dios, trabaja junto a tu cobertura para cumplir con la visión y misión que ellos tienen.

No debes estar sin trabajar en la obra de Dios, porque así como estaba David, hambriento, sin recursos y sediento, Abigaíl pudo llevarle provisión para que volviera a despertar.

Del mismo modo, tú eres portadora de una respuesta divina a muchas necesidades. Sobre ti está el poder y la sabiduría de Dios; apresúrate y corre, no en tus propias fuerzas, sino con las fuerzas de Dios en ti para obrar, ¡Créele a Dios!

DECIDE SUPERAR TUS DIFERENCIAS

Aunque tenía un esposo necio e insensato, ella no perdió su gozo ni alegría. No debes poner excusas para desarrollar tu visión. A veces, nos escondemos en las cuevas de cualquier situación inventada para no cumplir con nuestros deberes espirituales.

Muchas de las mujeres en las iglesias dicen a su pastor, *"no puedo ir a la iglesia porque mi esposo está muy enojado"* o "no puedo ir al servicio porque tengo mucho oficio que hacer en *la casa, o con los hijos"* etc. Abigaíl no puso como excusa su situación con Nabal para poder encontrarse con David.

Con esto no estoy diciendo que no debas obedecer ni honrar a tu esposo. ¡No!. Sólo debes entender que no debemos colocar impedimentos nosotras mismas que nos limiten para lograr nuestros sueños.

DECIDE CAMBIAR TUS ESTRATEGIAS

Abigaíl, al salir de su casa, llevaba un fin en mente y nadie le haría desistir de su tarea. Cuando se encontró con el Rey David, no mostró una actitud déspota y prepotente, aunque era ella quien tenía el dinero y la provisión en ese momento; antes bien, al verlo, se bajó de su asno y con mucha reverencia se inclinó a tierra y le pidió que desistiera de su plan, y esta actitud permitió que David, apaciguara su ira, perdonara a Nabal y no corriera sangre en su casa.

Ella supo ganar la atención y confianza de David y le hizo cambiar de parecer. El liderazgo de Abigaíl logró forjar un cambio de actitud en David. Ella cambió la estrategia y obtuvo los resultados que esperaba.

Más tarde, cuenta la historia, que extrañamente Nabal muere, y ella queda viuda y sola. Sin embargo, David quien había quedado prendido de la actitud de esta mujer, pasado un tiempo, mandó buscar a Abigaíl para hacerla su esposa y quitar de ella la afrenta de su viudez, como solía interpretarse en aquellos tiempos.

Su estrategia no sólo le garantizó la vida de su casa, sino que perpetuó su bienestar hasta lo último de sus días.

Mujer, tú eres una propulsora de bendiciones en potencia. Eres una generadora de resultados, pero necesitas activar ese poderoso caudal de proezas que están depositados en tu interior. Necesitas una determinación y dejar la pasividad.

Necesitas creer que Dios te ha constituido en una **FORJADORA DE CAMBIOS.**

ACERCA DE LA AUTORA

YALITZA SALAS DE SUÁREZ

Nacida en la ciudad de Barquisimeto, Venezuela, el 02 de diciembre de 1965.

Convertida al Señor en 1985.

Casada, madre de dos hijas.

Licenciada en Administración mención Gerencia, con título honorífico Cumlaude de la Universidad Fermín Toro (UFT). Cabudare, Venezuela.

Apóstol y cofundadora del Ministerio CVV Internacional (Camino, Verdad y Vida).

Fundadora y Directora del Ministerio Internacional Forjadoras de Cambios

Fundadora y Presidente de la Fundación "Forjadoras de Cambios", organización de ayuda social sin fines de lucro.

Escritora y Predicadora.

e-mail: forjadorasdecambios@gmail.com

Redes Sociales: (Instagram y Facebook)
@apyalitzasalas
@forjadorasdecambiosvenezuela

Made in the USA
Columbia, SC
14 March 2021